자신이 직접 그린 악보로 가득 채운 오선 노트가
음악가에게는 바로 최고의 책이 아니겠느냐는 생각을 해봅니다.
카피하는 학생, 반주자, 세션맨, 작곡가 등
악보를 그리는 모든 음악가의 아름다운 멜로디와 음으로
이 책이 가득 채워 지기를 희망합니다!

ー **기획 양태경** ー

Song Book

알파뮤직

Song Book

초판 1쇄 발행 2024년 12월 26일

기 획 | 양태경
펴낸이 | 정광성
펴낸곳 | 알파뮤직
편 집 | 이현진
홍보·마케팅 | 이인택
디자인 | 황하나

출판등록 | 제2018-000063호
주소 | 05387 서울시 강동구 천호옛12길 18, 한빛빌딩 2층(성내동)
전화 | 02 487 2041
팩스 | 02 488 2040
ISBN | 979-11-91122-81-7 (13670)

*알파뮤직은 알파미디어의 음악전문출판 브랜드입니다.